DL ZA 2–2026

ISBN: 978–84–18885–65–5

http://www.edicionesinvasoras.com

LA GRAN FELICIDAD

Antonio Orihuela

Un descampado con trasfondo de barrio que no se sabe si está a medio urbanizar o medio destruido, si lo que vemos es fruto del avance imparable del progreso civilizatorio o la guerra del fin del mundo.

Unos personajes sin nombre, carentes de cualquier otra identidad que no sea su pasado, sus recuerdos, o que se engañan entre ellos a partir de lo que dicen que fueron o quieren recordar.

En este presente oscuro, extraño, extraviado, buscan referentes que den sentido a sus vidas y construyan su identidad sobre las viejas consignas que prometían la vida buena en medio de la mutua desconfianza, la desolación y el miedo.

Es el drama de quienes al derrumbarse la vida que vivían, han quedado sin atributos, a merced de una ilusión, un hechizo, una promesa, una mentira a la que no quieren renunciar, aunque todo lo prometido parece haber desaparecido para siempre.

Dramatis Personae:

MUJER 1

MUJER 2

PERIODISTA

ARTISTA

HOMBRE 1

HOMBRE 2

Periferia de alguna ciudad. Débiles luces en una calle bastante sucia que se abre, a medio urbanizar, a un descampado. Enfrente a la derecha hay unos cubos de basura. Comienza a sonar "Ballade vom zerrissenen Rock"[1] *de Eisler... Poco a poco desde el fondo del escenario va surgiendo un gran cartel luminoso:*

LA GRAN FELICIDAD

Aparece por el lateral izquierdo una mujer algo avejentada pero que aún conserva algunos rasgos de elegancia en su porte, vestida con ropas que conocieron tiempos mejores, chaqueta de ejecutiva, sucia y ajada en algunas partes, rota la ajustada falda, su estado es lamentable... Camina por el escenario cargada de grandes bolsas de marca y tiendas caras, lleva un bolso, también de marca, colgado al cuello... Está como buscando algo, parece desorientada, mira al público, a los lados, finalmente se da la vuelta. Se detiene frente al cartel y lee en voz alta, atropelladamente, nerviosa, excitada.

1 https://www.youtube.com/watch?v=HDOygpoFuog&list=RDMM&index=2

MUJER 1 — ¡LA GRAN FELICIDAD!

Por el lateral izquierdo entra otra mujer, mediana edad, vestida con ropas vulgares, una sudadera polvorienta, leggins agujereados, un gorro de lana... arrastra un carro de supermercado lleno de cosas inverosímiles hasta donde está la Mujer 1. Habla con una mezcla de desvergüenza y firmeza.

MUJER 2 — Llevo un tiempo dando vueltas por aquí, pero hasta ahora no han iluminado el cartel, ¿Así que tú eres la primera?

La Mujer 1 no se inmuta, está absorta en el cartel. La Mujer 2 la toma del hombro y la zarandea, la Mujer 1 sale de su ensimismamiento, se vuelve hacia ella, dubitativa.

MUJER 1 — Sí, mire... ¡Tal y como decían, es aquí!

MUJER 2 — ¡Decían, decían... decían muchas cosas!

MUJER 1 — Bueno, aquí está el cartel.

La Mujer 2 ha comenzado a caminar por el escenario con su carro, en él se adivinan algunas latas, botellas, cartones, hatillos de cuerdas, un tapa–cubos, bolsas de basura de donde sobresale ropa, calcetines, varias zapatillas disparejas atadas por los cordones... Lo para delante de los cubos de basura, husmea en ellos...

MUJER 2 — ¡Bah!, aquí no hay más que mondas y huesos.

La Mujer 2 arroja con un gesto de desprecio los huesos a los pies de la Mujer 1.

MUJER 1 — ¡Cuidado, podrían ser huesos de santo!

MUJER 2 — Pues ahí tienes, ya puedes fundar tu propia Iglesia.

La Mujer 1 se arrodilla ante los huesos, parece al principio que fuera a rezar porque ha juntado las manos, pero luego lo que hace es mirarlos concienzudamente por si quedara en ellos algo comestible... Finalmente desiste, mientras la Mujer 2, que ha seguido dando vueltas por el escenario, se encara con ella.

MUJER 2 — ¡Voy detrás de ti! Espero que esto no sea otra encerrona.

MUJER 1 — ¡Y yo!, pero nunca se sabe. Hay mucha inseguridad, ladrones que se ponen detrás de ti *-La Mujer 2 se ha puesto detrás de ella mientras hablaba, la Mujer 1 se aparta desconfiada–* y te lo quitan todo.

MUJER 2 — ¿No lo dirá por mí?

MUJER 1 — *con gesto afirmativo, mientras la Mujer 2 vuelve a dar vueltas por el escenario, como si buscara algo–.* ¡No, no...!, por usted, no.

MUJER 2 — ¿Y dice que te lo quitan todo?

MUJER 1 — Eso me han dicho.

MUJER 2 — Yo he venido aquí porque no tengo nada.

MUJER 1 — *confusa*– Pues eso... ya ve usted. Que te lo quitan todo *-ahora con un poco de vehemencia*– ¡Como a mí! No me han dejado más remedio que venir aquí. ¡Y no sabe usted con quien está hablado! Porque yo soy decana.

MUJER 2 — Sí, ya se ve... *-dice atusándose el pelo*– yo también tenía una mata de pelo negro que no veas...

MUJER 1 — *confusa*– Quiero decir que yo soy...

MUJER 2 — *interrumpiéndola*– ¡Qué ya lo has dicho, joder!

MUJER 1 — *aún más confusa*– Sólo quería ser amable... ¡y educada!, no como otras...

MUJER 2 — *interrumpiéndola*– Soy, soy... ¿qué eres? ¡Dime! *-le da un empujoncito, con cierto desprecio*– ¿Te has mirado en un espejo? *-la repasa con la mirada de arriba abajo*– Pues busca uno y mírate, que te vas a caer de culo...

MUJER 1 — Prefiero no mirar.

MUJER 2 — Como si antes mirarais. *-hace un ademán de cogerle las bolsas, intenta mirar dentro de ellas, Mujer 1 se resiste*– Yo limpiaba escaleras, fíjate... ahora sí que no me iba a faltar trabajo. Sí, limpiaba escaleras y llegabais las decanas, *–le pega un tirón del cabello*– como tú, y os importaba un rábano que estuviera todo mojado. Me pisabais, y si me hubiera tendido a la larga me hubierais utilizado de felpudo.

Sí, en eso no habéis cambiado, decana *-y vuelve a darle un tirón del pelo–*. ¿Y esas bolsas? *- husmea en ellas sin que la Mujer 1 las suelte–*.

Mujer 1 — *retrocediendo, intentando zafarse de las zarpas de la Mujer 2–* Son mías.

Mujer 2 — Yo nunca tuve bolsas tan bonitas, incluso ahora siguen siendo bonitas– *Vuelve a acercase, las acaricia, la Mujer 1 retrocede–* ¡Te las cambio por un caramelo chupado!

Mujer 1 — ¿Un caramelo chupado? ¿Hablas en serio?

Mujer 2 — Ja, ja, ja... ¡Quien tuviera un caramelo chupado!, ¿verdad? *-acercándose, intentando ver qué contienen las bolsas, inquisidora–*. ¡Basta de cháchara! ¿Qué llevas ahí?

Mujer 1 — Nada, basura...

Mujer 2 — Ja, ja, ja... entonces... Como en los viejos tiempos, ¿verdad?

Mujer 1 — No se burle. Es todo lo que me ha quedado.

Mujer 2 — La de barbaridades que se pueden meter en una bolsa, ¿verdad?

Mujer 1 — ¿Qué quiere decir?

Mujer 2 — Nada, cosas mías.... Veo que sonríes... y eso que te falta media dentadura *-intenta abrirle la boca, pero la Mujer 1 la rechaza–*. El cuello aún lo conservas, es bonito *-se acerca a mirárselo mejor,* *le retira el cabello, ante la incomodidad de la Mujer 1 que sin embargo, recelosa y con miedo, ahora se deja hacer–,* parece de alabastro. Seguro que te lucían bien los brillantes.

MUJER 1 — *con aire nostálgico, apartándose y volviéndose hacia el luminoso, con los brazos abiertos–* Sí, brillaban como LA GRAN FELICIDAD.

MUJER 2 — *imitándola–* LA GRAN FELICIDAD.

MUJER 1 — Eso es.... En fin, nunca se sabe *-con voz de preocupación–* ¡Estas cosas!

MUJER 2 — No lo sé, estás cosas, ya se sabe...

MUJER 1 — *interrumpiéndola–* Sí, estas cosas... en fin, ¡pero todavía somos libres!

MUJER 2 — Entonces no tengas miedo *-dice volviéndose hacia el anuncio–,* seguro que se puede...

Entra a la carrera una chica joven por la derecha, va arreglada, pero con cierta informalidad, limpia, bien peinada, no como las dos mujeres que ya conocemos. Lleva una grabadora y un micrófono en las manos y da grandes voces mientras cruza el escenario, desaparece por el lado izquierdo para, a continuación, volver a aparecer de nuevo corriendo por el escenario. En un momento dado repara en las dos mujeres que se han quedado paralizadas.

PERIODISTA — ¡Disculpen señoras!, ¡Disculpen!

MUJER 1 — ¿Sí?

PERIODISTA — *tomando aire, por el esfuerzo*– Quería que me hablaran de esta magnífica labor que esta sociedad interpuesta promovida por el grupo de empresas de la que forma parte mi periódico está haciendo para elevar...

MUJER 1 — Yo he venido por lo del cartel.

MUJER 2 — Y yo...

Silencio. Las mujeres se miran entre ellas. La Periodista hace gestos con la cabeza, mueve la grabadora de una a la otra esperando que continúen hablando...

MUJER 1 — Yo he venido por lo del cartel.

MUJER 2 — Y yo...

La Periodista, como si hubiera visto pasar a alguien, sale de nuevo disparada corriendo hacia la derecha. Silencio, las mujeres se vuelven para mirar el cartel.

*

Entra un hombre vestido al modo que lo hacían los pintores callejeros del siglo XX, con boina grande, un amplio blusón, un pincel en la mano derecha y una paleta de pintor quizás algo desproporcionada, en la que se ven distintas manchas de color. Deambula por el escenario hasta que su mirada se fija en el luminoso, entonces corre hacia donde están las mujeres y las zarandea sacándolas de su ensimismamiento.

Artista — ¿Es aquí...?

Mujer 2 — *se vuelve, interrumpiéndolo*– ¡Sí, es aquí, pero no te cueles, venga, a la cola!

Artista — *vuelve a mirar el luminoso, camina de espaldas hacia el centro del escenario haciendo gestos de admiración con los brazos*– ¡Qué bonito es!, ¿verdad?

Mujer 2 — *se vuelve hacia el luminoso, con aire soñador*–Sí, es como aquellos anuncios que vendían algo que nadie necesitaba y todos comprábamos.

Mujer 1 — *con aire soñador*– Eran tan bellos, y su luz nos decía que éramos tan bellos como ellos, no necesitábamos a nadie más.

Mujer 2 — *dirigiéndose hacia el público*– No necesitábamos ni poner el despertador para mañana... hasta las sirenas de las fábrica dejaron de ser necesarias, cada uno sabía lo que tenía que hacer.

Artista — ¡Cuantas sonrisas había detrás de aquella luz! -*exhortando a las mujeres*– ¡Miren cómo brilla de nuevo! -*extiende los brazos y lee, con tono grandilocuente*– LA GRAN FELICIDAD. ¡Por fin! - *volviéndose hacia el público, buscando a las mujeres*– Si tardo un poco más en encontrar este lugar no sé qué habría sido de mí.

Mujer 2 — *con tono de desprecio–* Habríamos comenzado a matarnos unos a otros como buenos vecinos.

Mujer 1 — *poniendo paz, conciliadora–* ¡Pero ya estamos aquí! La libertad brilla, el bienestar *-señalando hacia el luminoso–,* ya casi lo podemos tocar. Volveremos a vivir como personas civilizadas.

Artista — *volviéndose hacia el luminoso–* Como personas civilizadas, como personas civilizadas, como personas… *-repite como un autómata.*

Mujer 2 — *sarcástica, cortándole el parlamento–* . Sí, ya no tendremos necesidad de robar y matar por nuestra propia mano, otros se ocuparán de eso.

Mujer 1 — El mundo del que yo hablo era amable, suave… si la gente no era del todo buena, por lo menos disimulaban su maldad.

Mujer 2 — Sería contigo… conmigo tu mundo también era implacable.

Mujer 1 — *algo exaltada–* ¡Tu mundo!, ¡mi mundo!… ¿Dónde está todo eso?

Artista — *interrumpiéndolas–* … como personas civilizadas, vida social, glamurosos rituales… ¡Menos mal! ¿Quién es el último?

Las dos mujeres organizan entonces una cola, la Mujer 1 y la Mujer 2 le indican su lugar al recién llegado, pero el Artista da vueltas por el escenario, alargando el pincel como si fuera a pintar en el aire. Finalmente, se coloca en el lugar que le han indicado las mujeres. Ahora los tres están en fila frente al cartel, el público los ve, efectivamente, de espaldas.

Mujer 1 — ¿Usted también lo ha perdido todo?

Artista — ¡No, yo soy un artista!

Mujer 2 — ¡Un artista!, pensaba que ya no existían.

Artista — ¡Todo por el arte! Es mi lema. El arte por el arte me lo ha dado todo.

La Mujer 2 abandona su sitio, no sin antes dejar bien plantado en él su carro del supermercado, se coloca detrás del Artista y le toca en el hombro.

Mujer 2 — Entonces tendría una moneda para comprar un bocadillo mientras espero.

Artista — *volviéndose hacia ella–* ¡Soy un artista señora...! ¿De dónde quiere que saque una moneda?

Mujer 1 — Pero si acaba de decir que el arte se lo ha dado todo...

Artista — Todo, todo...

Mujer 2 — *En un aparte, al público–* ¡Vaya, otro que tampoco ha comido!

Suena ""Gedanken über die rote Fahne" de Bertolt Brecht / Hanns Eisler [2]". El Artista deja en un rincón su paleta y su pincel. Con un gesto muy caballeroso saca a bailar a la Mujer 1. Cuando termina la música, la Mujer 1 se zafa del Artista con la expresión de quien sale de un sueño, intenta volver a donde estaba, la primera en la fila, pero la Mujer 2 se lo impide, forcejean.

MUJER 2 — Quien fue a Sevilla... ¡a la cola! *-la Mujer 1, resignada, se pone detrás de ella. Ahora están mirando hacia la derecha, hacia los cubos de basura, el público las ve de perfil–* Hasta hace unas semanas hubo cebollas, me acuerdo bien, pan y cebollas.

MUJER 1 — ¡Y papel higiénico!

MUJER 2 — Tal vez en LA GRAN FELICIDAD tengan pan y cebollas.

MUJER 1 — El papel higiénico es un artículo de primera necesidad, *–camina hacia los cubos de basura y rebusca en ellos con una mezcla de asco y nerviosismo–* seguro que tienen.

MUJER 2 — ¡Y sindicatos!

ARTISTA — *desde algún punto de la escena, entre divagaciones–* ¡Pero ahora somos libres, liebres, lirios! Miren el anuncio, miren cómo brilla...

MUJER 1 — Da miedo de lo que brilla...

---

2 https://www.youtube.com/watch? v=PADUAvOrMXg&list=RDMM &start_radio=1&rv=L–0drD9rgec

Mujer 2 — Eso es porque todo lo demás está oscuro.

Mujer 1 — Antes...

Mujer 2 — Puf... antes...

Artista — Yo tenía mucho éxito... millones de visitas en mi canal, mis muros, mis redes sociales... vendía mucho, ¡muchísimo!

Mujer 2 — Vendías porque eres un vendido.

Artista — ¡Reyes, reyes se han disputado mi arte!

Mujer 2 — ¿Tienes papel higiénico?

Artista — *sorprendido*- ¿Cómo?

Mujer 2 — Es para limpiarme el culo con tu arte.

Artista — ¡Tosca!, mal hablada.

Mujer 2 — Digo la verdad.

Artista — Verdad, mentira, antes todo era lo mismo. Todo valía, porque lo importante era la ilusión.

Mujer 2 — Lo importante nos lo fueron quitando sin que nos diéramos cuenta... nos despojamos de lo que decían que era un atraso, cosas viejas, inútiles, sin sentido, como la compasión o el compartir... Nos creímos sus cuentos, ese del "si trabajas duro, quizá un día...", o aquel de "con un poco de suerte, tal vez yo..."; y aquí estamos porque no hay dónde ir, y rezando para que el cuento de "¿y si me toca a mí?", aún funcione, esté operativo todavía.

Mujer 1 — La ilusión es indestructible... miren cómo brilla el anuncio, es la luz anegando la oscuridad.

Mujer 2 — ¡Y la basura!

Todos se miran las manos con gestos de asco, se las restriegan en la ropa y marcan distancia entre ellos, como si no quisieran estar tan cerca unos de otros.

Mujer 1 — Ese anuncio brillando, ahí, para nosotros...

Artista — *bailando por el escenario–* Sí, para nosotros... No es fácil de explicar.

Mujer 2 — Solo nuestro miedo brilla más.

*

Entra un hombre por la izquierda, de mediana edad, viste ropas vulgares, combinadas de cualquier forma, carga con una gruesa mochila en la que destaca un saco de dormir. No tiene muy buen aspecto. Bueno, nadie tiene muy buen aspecto en esta obra.

Hombre 1 — ¿El último?

Las mujeres señalan al Artista. El Hombre 1 tose, parece enfermo.

Mujer 1 — ¿Usted también lo ha perdido todo?

Hombre 1 — *deambula por el escenario, el Artista parece no haberse dado cuenta de su presencia, sigue bailando solo, como si continuara sonando la música, aunque solo sea ya en su cabeza–* Me caí mientras trabajaba. Se me nubló la vista, el calor, me caí del andamio... pero de eso hace mucho. *-Tose, se lleva las manos a la boca–* ¿Tendrían un poco de agua?

Mujer 2 — Que perdió el trabajo, vamos.

Hombre 1 — *tose–* Cuando volví al andamio estaba lleno. No había sitio para mí. ¿Un poco de agua?

Mujer 2 — ¡Cuántas trampas, cuántas estafas, cuántas veces la misma historia, el mismo drama!

Artista — *dejando de bailar–* ¿Qué es esto? *-se encara con ellos–* ¡La cola para ir a Rusia! No tengo por qué escuchar este tipo de discursos.

Mujer 2 — ¡Claro que no! ¡Usted es un artista! Es libre, independiente... ¿Ha comido?

El Artista vuelve a bailar, como si no hubiera oído la pregunta, y es el Hombre 1 quien contesta.

Hombre 1 — ¿Comer? *-niega con la cabeza–* ¿Y un poco de agua?

Vuelve la Periodista por la derecha del escenario, grabadora y micrófono en ristre, a paso ligero, llega como si tuviera mucha prisa, habla atropelladamente.

Periodista — Su opinión, Sr. Artista, es muy importante para nuestro periódico, su opinión es clave para...

Mujer 2 — *interrumpiéndole–* ¡No le diga nada! Publicarán lo que quieren escuchar, no lo que tenga que decir...

Artista — *Solemne–* ¡El arte por el arte! Eso sí lo publicarán.

Todos a coro — *entre risas–* ¡Eso sí lo publicaran!

Suena una de esas sintonías que sirven de cabecera musical o entradilla a los informativos, una de esas que el público reconoce rápidamente y tiene asociado a esos programas. El Hombre 1 se coloca detrás de la Mujer 1, en la fila. La Periodista persigue con el micrófono al Artista que continúa bailando abstraído, tras varias vueltas por el escenario, sin conseguir sacarlo de su ensimismamiento, cansada y con un gesto de contrariedad, se vuelve por donde ha venido. Silencio.

Mujer 1 — ¿Tardará mucho todavía esto? Tengo hambre.

Hombre 1 — Yo también tengo hambre.

Mujer 2 — ¡Toma!, para qué te crees que estamos aquí todos...

Artista — Eso se solucionaba vendiendo lo que tenéis, como yo he hecho.

Mujer 1 — ¿Pero qué vamos a vender si no tenemos nada?

Mujer 2 — Podemos vender nuestra dignidad, ¿no? Para eso hemos venido, pero ya ves...

MUJER 1 — ¿Y si es una estafa? Una cosa de esas de cámara oculta. Si no, ¿qué pinta aquí esa del micro entrando y saliendo, queriéndonos sonsacar para que hagamos el ridículo?

HOMBRE 1 — *Abandonando la fila, recorre el escenario pensativo, como buscando lo que quiere decir en el aire–* No, no lo creo -*tose*–. He oído a uno que le contaron que alguien había recibido un fajo de billetes aquí. Billetes de los gordos, y un puro.

MUJER 2 — ¿Y qué tuvo que hacer?

HOMBRE 1 — Poca cosa, creo que unos recados, y decir muchas veces señor, señor, señor...

MUJER 1 — ¡Pues habrá que practicar! ¡Vamos! -*sale de la fila, se va detrás del Hombre 1 haciendo aspavientos con las manos y gritando*– ¡Señor, señor, señor...! Parece fácil. Lo primero que haré con mi fajo será comprarme una hamburguesa.

Suena la música de los spots de una conocida marca de hamburguesas, una que sea fácilmente reconocible por el público. Todos se relamen, miran al luminoso, se palpan la barriga, hacen como si masticaran paseándose por el escenario. Se sienten satisfechos como si hubieran comido. Incluso se oye algún eructo.

*

Entra por la izquierda un hombre vestido con traje de chaqueta aunque su aspecto también es lamentable, sucio, raído, trae en una mano un juego de llaves que hace sonar constantemente y un maletín viejo en la otra.

HOMBRE 2 — ¿El último?

Todos salen como de un trance, se miran como si no supieran donde están, sobresaltados, vuelven a organizar la fila. El Artista vacila, no sabe si ocupar el último puesto o quedarse fuera, paseando por el escenario, disimuladamente empieza a trastear en los cubos de basura, con gesto de asco, removiendo su interior, como si pintara dentro de ellos con un pincel invisible.

HOMBRE 2 — ¿Es aquí, verdad? He visto el luminoso desde lejos... Si supieran lo que me ha pasado...

MUJER 2 — ¡Qué dices de papas y estofado!

HOMBRE 1 — *los interrumpe, se encara con el Hombre 2, interrogándole, tosiendo–* Yo le conozco... trabajé para usted, recuerdo que...

HOMBRE 2 — *le interrumpe–* Sí, sí, es probable, claro, de eso hace ya tanto...

HOMBRE 1 — Sí, eran otros tiempos... cuando todos ustedes iban con el cinturón desabrochado...

Hombre 2 — *justificándose*– Algunas miguitas caían del mantel...

Hombre 1 — Las miguitas se las comían los pájaros.

Artista — *entre los cubos de basura*– ¡Dichosa edad aquella de las miguitas, la miel, la música, las coronas, los salones dorados, la pureza...!

Hombre 2 — *cambiando de conversación*– ¿Llevan mucho tiempo esperando? *–Todos asienten*– Lo entiendo. ¿Es mucho dinero, verdad?

Mujer 1 — Eso dicen... También pan y cebollas. No se sabe muy bien... pero algo dan, seguro...

Hombre 2 — Antes teníamos derechos.

Artista — *volviendo sobre sus pasos al centro del escenario*– Ahora tenemos caridad, y dónde va a parar, el trato es mucho más directo, y hace que las personas caritativas se sientan mucho mejor, incluso pueden ir al cielo... En cambio, antes...

Mujer 1 — *interrumpiéndolo*– ¡Qué hambre! Debí ser artista, los artistas nunca comen *-dice señalándolo*– Les basta el arte para alimentarse.

Artista — Puedo pintarle un fajo de billetes, de los gordos.

Mujer 1 — *dejando la fila y tomando del brazo al Artista para ir con él al centro de la escena*– Pínteme mejor una bandeja de mariscos, con centollos, langostas, almejas, ostras...

El Artista busca su pincel y su paleta, hace un gesto solemne, se pone de rodillas y empieza a pintar en el suelo.

Hombre 1 — ¡Pinte también una jarra de cerveza, y botellas de vino, y un cerdo asado!

Hombre 2 — ¡No desesperen! Esta es una situación transitoria, una mala racha, a veces pasa, los negocios son así, son tiempos duros, pero pasarán... y entonces *-rebusca algo en sus bolsillos–*... Yo aún tengo una moneda *-sigue rebuscando–*, y volveré a ganar más, porque llevo el negocio en la sangre *- finalmente desiste de la búsqueda.*

Mujer 2 — ¡Pues yo en la sangre llevo sangre!

Hombre 2 — *encarándose–* Por eso te ha ido como te ha ido.

Mujer 2 — *desafiante–* Tú estás mejor, no hay más que verte... ¡eras un emprendedor!

Hombre 2 — *orgulloso, jactándose, sacando pecho–* ¡Soy un emprendedor!

Mujer 2 — *retándolo–* ¿Y qué emprendes ahora, si se puede saber?

Hombre 2 — *solemne–* Volveré a poner la rueda en marcha...

Mujer 2 — ¿La rueda?, ja, ja, ja... ¡La rueda dice... esa no hay ya quien la mueva!

HOMBRE 1 — Yo llevaba en la sangre un andamio, una zanja, un taller, una garita con sueño. Cuando eres pobre eso es todo lo que cabe en la sangre.

MUJER 2 — Si te pones así, mi sangre olía a lejía...

El Hombre 1 y la Mujer 1 se han ido a ver lo que pinta el Artista. La Mujer 2 sigue firmemente agarrada a su carro, es la primera en la fila. El Hombre 2 intenta rebasarla, ella lo detiene interceptándolo con el carro.

MUJER 2 — ¡Ahí quietecito, que te veo venir!

HOMBRE 2 — Los tipos como yo *no hacemos cola... -hace un gesto de apartarla, el Hombre 1 se vuelve hacia él, lo agarra por el brazo y lo empuja hacia atrás, el Hombre 2 cae. El Hombre 1 se coloca detrás de la Mujer 2.*

MUJER 1 — *volviendo a la cola, ahora detrás del Hombre 1–* ¡Qué tiempos... yo tampoco hacía cola... y ahora...

HOMBRE 2 — *desde el suelo–* ¡Hacer colas es cosa de comunistas!

MUJER 2 — *encarándolo desde su posición–* Déjalo ya, listo. Solo tendrás una moneda, pero actúas como si tuvieras un látigo.

MUJER 1 — ¡Vaya, un domador entre nosotros!... Nunca había conocido a uno.

MUJER 2 — Sí, un domador de cagones.

Silencio. Suenan unos acordes de guitarra de la "Warszawianka"[3], pero tocados muy lentos, como si le faltaran revoluciones al reproductor... Se atenúan las luces de la escena, de forma que el cartel se vuelve a ver mucho más luminoso. Todos se vuelven hacia él para escuchar la melodía. Vuelve a entrar la Periodista a toda carrera.

PERIODISTA — ¡Qué noticia, qué exclusiva! Esa música, esa música...

MUJER 1 — *corriendo detrás de ella–* ¡Espere, espere!, necesitamos saber si es aquí LA GRAN FELICIDAD... Usted debe saberlo, ¿no? Trabaja para ellos, ¿no es así?

PERIODISTA — *sin parar de correr por el escenario, persiguiendo con la grabadora la música–* ¡Todos trabajamos para LA GRAN FELICIDAD, ¿Acaso no lo sabían?

MUJER 1 — *dejando de correr, se para–* Sí, claro, por eso...

HOMBRE 2 — ¡Por eso estamos aquí!

La Periodista sigue dando vueltas por el escenario, señalando con la grabadora hacia el lugar donde suena la música, las notas van perdiendo intensidad, y decepcionada, vuelve por donde vino arrastrando el micrófono. Nadie se mueve de donde está. El Hombre 1 abandona la fila, despacio, y se coloca detrás del Artista, con gesto admirativo.

---

3 https://www.youtube.com/watch?v=j2Qk3_j6I68&list=RDj2Qk3_j6I68&start_radio=1

Hombre 1 — ¡Pinta bien el artista! -*tose*- Dan ganas de lamer el suelo.

Mujer 2 — ¿Otra vez?, no has tenido suficiente a lo largo de tu vida.

Mujer 1 — *sale de la fila, dando vueltas alrededor de lo que está pintando el Artista en el suelo*- Realmente tienen un aspecto encantador los mariscos... mirad esos reflejos dorados sobre los caparazones -*señalando partes del dibujo*-, esas gotas de agua que parecen perlas, y qué brillos...

Entra de nuevo la Periodista.

Periodista — ¡Qué gran noticia, cuéntenme las últimas novedades, rápido, tengo que volver al periódico, está a punto de salir la edición de la noche, si no hablan tendré que inventármelas!

Mujer 2 — Si hablamos te las inventarás igual.

Mujer 1 — Escriba que el artista ha pintado una bandeja de mariscos.

La Periodista desaparece dando saltitos y haciendo gestos alegres. La Mujer 1 mira hacia la fila. Todos se reorganizan y le indican el último lugar, mira al público, se encoge de hombros. Suena "Lob des Kommunismus"[4], de Eisler. La Mujer 1 comienza a bailar alrededor del pintor que sigue absorto en su obra. Al terminar se

4 https://www.youtube.com/watch?v=L-0drD9rgec&list=RDL-0drD9rgec&start_radio=1

coloca en el lugar que le habían indicado, entonces la Mujer 2 sale de la fila arrastrando su carro y todos dan un pasito hacia el lugar que acaba de dejar.

MUJER 2 — *con gesto y voz cansada–* No puedo más. Tengo que encontrar algo comestible en esos cubos de basura...

MUJER 1 — ¿Se acuerdan cuando los anuncios decían que había que comer sano?

HOMBRE 2 — ¡Y hacer deporte para quemar las grasas!

MUJER 1 — *exultante–* ¡Y luchar por la paridad en los consejos de administración, en la política y en los cuarteles!

HOMBRE 1 — *con gozo–* ¡Y comprar un coche eléctrico para ir de vacaciones a comer boquerones!

ARTISTA — ¡Éramos libres, liebres, lirios!

MUJER 1 — *meditabunda–* Y tan humanos...

La Mujer 2 sigue hurgando en las basuras, está de espaldas al resto, y sin mirar arroja hacia atrás lo que va encontrando en los cubos, pareciera que lo hace con intención de darle a alguno de ellos. Estos tratan de esquivar los proyectiles con mejor o peor suerte, pero no abandonan en ningún momento la formación... La Mujer 2 arroja un flotador desinflado, un zapato, un teléfono móvil, una pelota de fútbol, ropa, mucha ropa, cuerdas, una cadena, otro zapato disparejo, cajas de regalos aplastadas, botes de pastillas que primero abre, huele y arroja hacia atrás, haciéndolas rodar por todo el escenario. El Artista es el único que no se inmuta, sigue a la suyo, pintando. Por fin extrae, exultante, una botella de agua algo chafada, está a medias, la abre, la huele, pone cara de asco, bebe y la vuelve a tirar dentro.

ARTISTA — *desde el suelo, sin levantar la vista de su obra–* ¡Sois como críos!... No habéis madurado políticamente. Os comportáis como caníbales.

MUJER 2 — *entre risas–* Eso es porque no hemos desayunado.

HOMBRE 1 — *abandonando la fila, aparta a la Mujer 2 de los cubos de basura y comienza a rebuscar en el que ella ha arrojado la botella, al fin la alza victorioso, la agita y bebe unas gotas, todo lo que quedaba, antes de arrojarla con rabia hacia la Mujer 2, a continuación se vuelve y continúa la búsqueda dentro de los cubos, primero con cierta desgana, luego excitado, olisqueándolos–* ¡Hummm... huele a tortilla española!

HOMBRE 2 — *dirigiéndose al Artista–* ¡No sea injusto, al menos conmigo, aún hay clases!... Aunque tiene razón, estos no han madurado políticamente, son caníbales. Yo, en cambio, por ejemplo, no me cansaba de besar a los niños en campaña.

MUJER 1 — ¡Qué horror! Un pederasta.

HOMBRE 2 — ¡Señora!, *–dirigiéndose hacia ella–* Jamás he frecuentado malas compañías.

MUJER 1 — Debió ser más explícito. Están los tiempos que...

HOMBRE 1 — *abandonando la búsqueda en los cubos–* Podríamos unirnos, hacer guardia. ¿Nadie tiene sueño? Podríamos turnarnos, descansaríamos.... Y si vienen, el que está de guardia avisa y volvemos a la fila...

MUJER 1 — ¿Y si vienen? Pueden venir inferiores, desafectos, gente de color, otras culturas, de esas que no se adaptan...

MUJER 2 — *interrumpiéndola–* Estrellas de cine firmando autógrafos...

HOMBRE 2 — No es una buena idea. No sabemos cómo van a ser los fajos.

MUJER 1 — ¿Fajos?, ¿está seguro que son fajos?

HOMBRE 2 — Es lo previsible, si no...

MUJER 1 — Fajos es lo mejor.

HOMBRE 2 — Aun así, no hay para todos. Nunca ha habido...

MUJER 2 — Ahí están los cubos de basura para confirmarlo.

HOMBRE 1 — *volviendo a rebuscar con mucho ruido en las basuras–* Juraría que olía a tortilla de patatas.... *–exclamando, casi gritando de alegría–* ¡Miren, el fajo, el fajo gordo de billetes! *-tose–* ¡Estaba aquí! *-salta de alegría, agitando el fajo de billetes–* ¡Adiós miseria, adiós infortunio!

Vacía todos los cubos alrededor de él, basura de todo tipo se esparce a sus pies, ahora rebusca en ella. Todos los demás, a excepción del Artista que continúa absorto en su obra, se abalanzan sobre las basuras, se empujan, se quitan lo que encuentran, y lo vuelven a tirar al ver que no es lo que buscan, lo revuelven todo, el escenario queda hecho una pocilga, pero no hay más fajos. Decepcionados, deambulan por el escenario, de vez en cuando dan una patada a un objeto, se agachan para ver mejor algo...

Hombre 1 — *exultante–* ¡Os invitaré a sopa, me habéis dado suerte!

Hombre 2 — Yo prefiero un Martini doble con vodka.

Mujer 2 — Podrías repartirlo...

Artista — *desde el suelo, sin levantar la vista, pintando–* ¡Cómo los comunistas!

Hombre 1 — He dicho que invitaré a sopa, y pan. *-tose–* Todo el pan que puedan comer.

Mujer 1 — ¿Qué piensa hacer con el fajo? Es de lo más gordos que he visto.

Hombre 1 — *con gesto soñador, describiendo con las manos lo que piensa hacer, deambulando por el escenario–* Compraré una casa de campo, con piscina y todo lo demás, sus buenos muros...

MUJER 1 — ¿No estará usted interesado en casarse? Me gustaría tanto volver a lucir mi chaqueta de montar para ir a cazar zorros... *–se echa en sus brazos–* ¡Bailemos!

Las luces sobre el escenario vuelven a atenuarse, un foco ilumina a la pareja de danzantes. Suena

"I've got you under my skin"[5]*, en interpretación de Col Porter. La Mujer 1 y el Hombre 1 bailan haciendo círculos alrededor del Artista que está en el centro del escenario, arrodillado, embelesado en su creación. Mientras, la Mujer 2 y el Hombre 2 se marchan al fondo del escenario, abatidos, con gestos de decepción, ella se sienta dentro del carro, él se recuesta con la cabeza sobre el maletín. En algún momento de la pieza, el Artista se pone de pie y se sacude las manos, la música comienza a bajar, el escenario se ilumina.*

ARTISTA — ¡Esto ya está! Con su cerdo y su manzana en la boca, incluso. Y sólo le voy a cobrar ese ridículo fajo de billetes... Comprenda que lo que me pidió es mi obra maestra...

Para en seco la música. El Hombre 1 se zafa de la Mujer 1 que lo rodea por el cuello y se pone a mirar la pintura del suelo.

5 https://www.youtube.com/watch?v=3SqO2s-VIyU&list=RD3SqO2s-VIyU&start_radio=1

Hombre 1 — Yo no entiendo de arte, pero el cerdo tiene toda su cara, *–dice, señalando entre risas al Hombre 2–* ¡Y huele a tortilla de patatas! *-tose–*.

Mujer 1 — *vuelve a rodearlo con sus brazos por el cuello, melosa–* Sé sincero conmigo, no me has dicho cómo vamos a vivir...

Mujer 2 — A todo tren. *-risas–*.

Hombre 1 — *completamente ausente–* No, huele a lasaña, con su jugoso relleno entre medias.

Mujer 2 — *entre coqueta y descarada–* Yo estoy por estrenar y prometo no irme contigo a casa, después del banquete cada uno por su lado.

Hombre 2 — *avanzando hacia él–* Le cambio el fajo por este manojo de llaves... Si supiera lo que guardan... ¿Y me dijo que había trabajado para mí?

Hombre 1 — *saliendo de su ensimismamiento–* Sí, de vigilante... conozco esas llaves... abren pianos, salas de cine, coches, tiendas, apartamentos caros, voluntades... pero de eso hace mucho. Las recuerdo bien, pero mírelas, están romas, oxidadas, les faltan dientes...

Mujer 2 — *desde el fondo del escenario, a voz en grito–* ¡Toma, como a mí!

Hombre 2 — ¿Y el fajo? ¿Me permite?... *–el Hombre 1 se lo muestra, sin soltarlo–* ¿Pero... de cuándo cree usted que es esto? *-despectivo–* ¡No vale ni tres monedas!

Hombre 1 — *con la voz temblorosa, tosiendo, perdiendo toda su compostura anterior–* ¿Cree que me darían media coliflor por él?

Mujer 2 — *desde el fondo del escenario–* Creo que estarían mejor en la fila *–señalando con la mano una línea invisible que parte de ella hacia la izquierda–* ¡Que a nadie se le ocurra colarse!

Mujer 1 — *colocándose al lado de la Mujer 2 que trata de embestirla con el carro para que no se aproxime a ella–* Ahora que iba a tener una casa con piscina, cámaras de vigilancia y cálidas alfombras...

Mujer 2 — *riéndose de ella en su cara–* ¡Y una chacha filipina, y un mayordomo gay!

Mujer 1 — ¡Racista!, pues sepa que siempre he apoyado las minorías étnicas.

Mujer 2 — *escupiendo al suelo–* ¡Dame el fajo y me limpio el culo con él!

Hombre 2 — *al lado de la Mujer 1, entre risas–* ¡Media coliflor asquerosa y cruda!

Mujer 1 — ¡Calle! Qué sabe usted... nos habríamos amado bien. No hay nada como tener el consuelo de un buen amor.

Artista — ¡Qué hermosas palabras! *–se pone de pie, avanza hacia la Mujer 1–* Usted también es una artista... Pudieron no encontrarse en el tiempo y sin embargo han llegado a esta pradera *–señala las basuras–* que nos dice que el amor no se ha terminado, y como no tuvo nacimiento, no tendrá muerte, el amor es como un largo río, solo cambia de tierras y de labios.

Mujer 2 — *encarándose a la Mujer 1–* El amor, el amor... el amor está donde la hiena ríe *–da unos saltitos restregándose el cuerpo con los brazos–* Hace frío. *–sale de la fila dejando en ella su carro, la Mujer 1 se lo lanza hacia donde ella se ha ido, pero la Mujer 2 está como ausente, rebusca entre la basura alguna ropa, se la prueba por encima, si le queda bien, intenta ponérsela–.*

Artista — *deambulando por el escenario, revisando las basuras disimuladamente–* No se preocupen. Hagan como yo, recuerden. ¡El arte por el arte!, y las puertas se abren solas, florece la primavera... ¡Si hasta parece que huele a pan recién horneado cuando canto! *–se pone a tararear "I've got you under my skin".*

Hombre 2 — *ocupando el lugar que la Mujer 2 ha dejado en la fila, mira desafiante a la Mujer 1 que ha hecho un gesto de impedírselo–* ¡Yo aún tengo mi moneda, es un buen comienzo,– *gritando en dirección al público–* ¡Se trata solo de encontrar la manera de dar una moneda y que te devuelvan dos... este es el negocio!

Mujer 2 — *volviendo a la fila, intenta colocarse la primera, pero se lo impiden, así que se planta la última–* Ese era el negocio del pasado, se llamaba capitalis...

Artista — ¡Ya está bien de política, de vender espinas! Que la posteridad sepa que no tejí coronas sangrientas ni creció el dolor por mi culpa con la palabra herida, solo de amor llené la pleamar de mi alma y solo de luz colmé mis manos.

Hombre 2 — ¡Eso, nada de política!

La Periodista entra corriendo. Vuelve a sonar a lo lejos "I've got you under my skin"[6].

Periodista — ¡Qué gran final para mi artículo!

Mujer 1 — ¿Es un artículo sobre cultura?

Periodista — No, señora, sobre la guerra.

Mujer 1 — ¡Dios!

Periodista — ¡Está de nuestra parte! Los malos retrocederán, los buenos harán cola para ser felices. *-deambulando por el escenario-* ¡A ver, a ver! ¿Quién es el último? El último, el último... me han llegado noticias de que habían llegado unas putas.

Artista — ¡Yo soy el último!

Periodista — ¿Es usted puta?

Artista — ¡Por supuesto!

Sube la música. La Periodista y el Artista se abrazan y desaparecen de la escena bailando "I've got

6 https://www.youtube.com/watch?v=3SqO2s-VIyU&list=RD3SqO2s-VIyU&start_radio=1

you under my skin"[7]*... la música se atenúa. Silencio. Los personajes, que se han quedado mirando hacia el lugar por el que han desaparecido la Periodista y el Artista, vuelven a organizar la fila, esta vez de manera torpe y atropellada, pero sin prisas, como si en el fondo diera igual el lugar a ocupar en ella.*

Entonces se vuelven hacia el cartel, de espaldas al público, y se quedan ahí, quietos, mirándolo.

Mujer 2 — *señalando el cartel, con ironía, entre risas–* ¡LA GRAN FELICIDAD!

Hombre 2 — Es hermosa, ¿a que sí?

Mujer 1 — Es perfecta, en esas palabras no puede entrar nada más. Ni la muerte.

Hombre 1 — Ellas entran en todo.

Mujer 2 — De ellas sale todo.

Las luces se atenúan, solo queda el cartel iluminado. Suena "Dans les rues. VI. March Tempo: Andante heroico; de la Suite Nº. 5, Op. 35", de Eisler.[8]

---

7 https://www.youtube.com/watch?v=3SqO2s-VIyU&list=RD3SqO2s-VIyU&start_radio=1

8 https://www.youtube.com/watch?v=v_tEVByiTjc&list=RDL-0drD9rgec&index=4

♣

Este libro se terminó de imprimir en febrero de 2026

Antonio Orihuela (Moguer, 1965), arqueólogo del presente y escritor a contratiempo de la modernidad neoliberal, viene elaborando desde comienzos de los noventa un discurso crítico sobre la vida dañada y las resistencias cotidianas en las sociedades del capitalismo tardío. Su obra deambula por el delgado hilo rojinegro de la literatura marginal en un intento de abarcar todo aquello que constituye la ligazón de nuestra vida con el mundo conformado por el capitalismo, indagando en el reverso de su trama social e ideológica. Su escritura sostiene en todo momento la tensión de narrar, con los de abajo, la vida dominada por el consumo y el narcicismo individualista. Con las esquirlas y los restos, Orihuela ha intentado reconstruir un trazado posible para la consciencia crítica. En todos sus libros late un mismo objetivo: Cambiar el futuro. Últimas publicaciones: *La ciudad de las croquetas congeladas.* 2ª edición en Baile del Sol. Tenerife, 2014. *Narración de la llovizna.* 2ª edición en Ed. Baile del Sol, 2009. *Madera de un solo árbol: Cuaderno de Nepal.* 2ª edición en Ed. Delirio. Salamanca, 2013. *Todo el mundo está en otro lugar.* Ed. Baile del Sol. Madrid, 2011. *Palos.* Ed. La linterna sorda. 2016. *Disolución.* Ed. El Desvelo, 2018. *El tiempo de las alambradas.* Ed. Pregunta. Zaragoza, 2018. *Qué tarde se nos ha hecho.* ERE. Salamanca, 2018. *Campo unificado.* Ed. Olifante, 2019. *Todos atrapados en la misma trampa.* Ed. Garum, 2020. *Diles que dije no.* Ed. La isla de Siltolá, 2022. *Repertorio de venenos.* Ediciones Invasoras, 2022. *El sabor del cielo.* Ed. Huerga & Fierro, 2022. *Camino de Olduvai. Poesía 2014-2019.* Ed. Irrecuperables. 2023. *Sin fin.* Ed. Gato Encerrado, 2023. *El fuego desde el otro lado.* La tortuga búlgara, 2024. Es autor de novelas experimentales como *Libro de la lluvia,* Universidad de León, 2019. También de los ensayos *Libro de las derrotas.* Ed. Oveja Roja, 2009. *Moguer, 1936.* 4ª edición en Ed. La Oveja Roja, 2010. *Poesía, pop y contracultura en España.* Ed. Berenice, 2013. *La voz común: una poética para reocupar la vida.* 2ª Ed. La Vorágine, 2014. *La caja verde de Duchamp y otras estampas cifradas.* Ed. El Desvelo, 2016. *Diario del cuidado de los enjambres.* Enclave, 2016. *El lenguaje secuestrado.* Piedra, papel, Libros, 2018. *Ruido Blanco.* Ed. La Vorágine, 2018. *El refugio más breve. Cultura y contracultura en España.* Piedra, papel Libros, 2020. *Puntos ciegos.* Ed. Fantasma, 2021. *El arte de no hacer arte.* Ed. La Vorágine, 2022. *Cien hogueras: flamencos, hippies y poetas en la Andalucía contracultural.* Piedra, papel Libros, 2022 y *Las Sin Amo: escritoras olvidadas y silenciadas de los años treinta.* Ed. Oveja Roja, 2023. Así mismo es autor de las novelas, *Las increíbles aventuras de Gorzila en España.* El Desvelo, 2018. *El secreto fondo de las cosas.* Ed. Oveja Roja, 2019 y *Última llamada.* La consentida, 2024.

Desde 1999, coordina los encuentros anuales Voces del Extremo en su Moguer natal, espacio de confluencia del heterogéneo grupo de sensibilidades contrahegemónicas y militancias culturales que se viene llamando «poesía de la conciencia».